친절한
DIY
패키지
No. 001

감사의 마음을 전하는 **카네이션 펠트**
DIY

펠트하우스 지음

친절한 DIY 패키지 No. 001

카네이션 펠트 DIY

2014년 3월 10일 초판 1쇄 인쇄
2014년 3월 14일 초판 1쇄 발행

지은이 펠트하우스(김희진)
펴낸이 정상석
펴낸 곳 터닝포인트
기획·편집 신이수
편집·표지 디자인 이지선
작품 사진 촬영 이성우(G1-studio)
스타일링 진은영
협력 스태프 신진우, 이한솔, 권인선

등록번호 2005. 2. 17 제6-738호
주소 서울시 마포구 연남로 97-1 3층
대표 전화 (02)332-7646
팩스 (02)3142-7646
홈페이지 www.diytp.com
ISBN 978-89-94158-52-5 13630
정가 19,800원

재료 협찬 펠트하우스(www.felthouse.co.kr)
내용 문의 www.diytp.com
원고 집필 문의 diamat@naver.com(터닝포인트는 삶에 긍정적 변화를 가져오는 좋은 원고를 환영합니다.)
Copyright ⓒ 2014 by Felthouse & Turningpoint

이 책에 수록된 모든 내용, 사진이나 일러스트 자료, DIY 패키지 등을 출판권자의 허락 없이 복제 배포하는 행위는 저작권법에 위반됩니다.

기본 바느질 법

01 홈질 ······ 4
02 아플리케 ······ 5
03 박음질 ······ 6
04 버튼홀 스티치 ······ 7
05 끼워 박기 ······ 9
06 공그르기 ······ 10

01 홈질

1 원단 뒷면에서 바늘을 넣어 앞으로 빼냅니다.

2 한 땀을 띄우고 바늘을 넣습니다.

3 또 한 땀을 띄우고 다시 뒤쪽에서 앞으로 바늘을 넣습니다.

4 2, 3 과정을 반복합니다.

홈질 완성!

아플리케 > 02

1 아플리케 할 원단 뒷면에서 바늘을 넣어 앞으로 빼냅니다.

2 실이 나온 곳과 직각이 되는 부분의 원단 끝선에 맞춰서 바늘을 넣습니다.

3 왼쪽으로 이동하여 다시 원단 뒷면에서 바늘을 넣어 앞으로 빼냅니다.

4 실이 나온 곳과 직각이 되는 부분의 원단 끝선에 맞춰 바늘을 넣습니다.

5 3, 4 과정을 계속 반복합니다.

아플리케 완성!

03 박음질

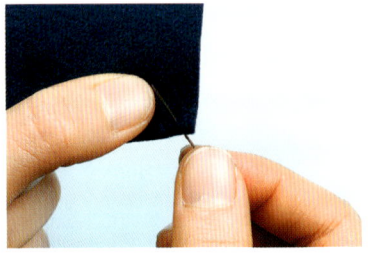

1 원단 끝에서 한 땀 떨어진 곳 뒷면에서 바늘을 넣어 앞으로 빼냅니다.

2 실이 나온 곳에서 뒤로 한 땀 떨어진 곳에 바늘을 넣습니다.

3 실이 나온 곳에서 두 땀 앞에 바늘을 넣습니다.

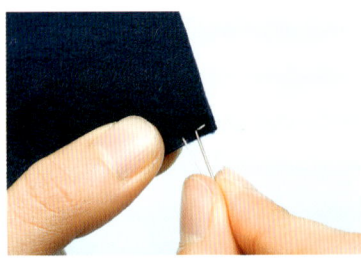

4 실이 나온 곳에서 한 땀 뒤에 바늘을 넣습니다.

5 1~4 과정을 계속 반복합니다. 완성했을 때 앞면은 깔끔해요!

* 박음질했을 때 뒷면은 중간중간 실이 겹치는 부분이 있어 매끄럽지 못해요!

버튼홀 스티치 04

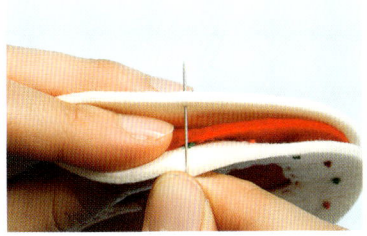

1 원단과 원단 사이 안쪽에서 뒤쪽 원단으로 바늘을 넣습니다.

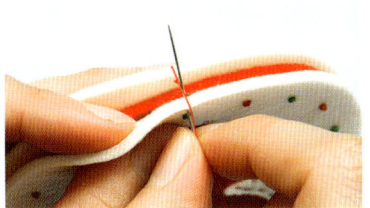

2 뒤쪽 원단과 직각이 되는 앞쪽 원단 바깥에서 안쪽으로 바늘을 넣습니다.

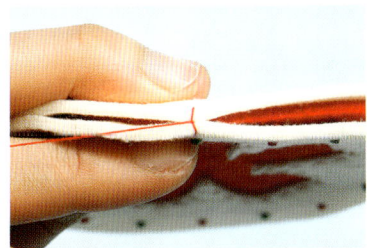

3 실을 당기면 한 땀이 완성됩니다.

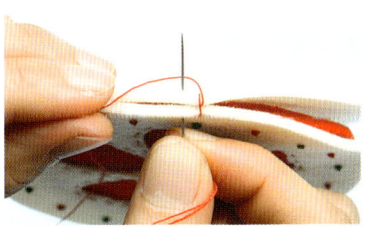

4 한 땀 옆으로 가서 원단 두 장 한꺼번에 바늘을 넣으면서 원형 모양의 실 사이로 통과시킵니다.

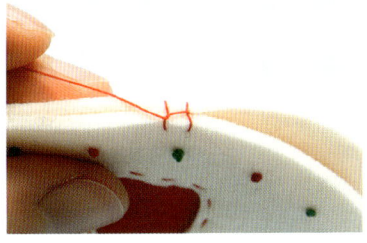

5 실을 당기면 두 번째 땀이 완성됩니다. 4, 5 과정을 계속 반복합니다.

 버튼홀 스티치 중간에 실 연결하기

1 앞 원단 1장에만 바늘을 넣습니다.

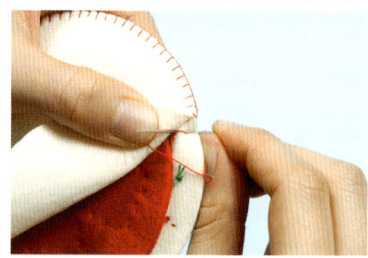

2 앞 원단 뒷면에서 매듭지어 마무리 합니다.

3 앞면이 사선 모양이 됩니다.

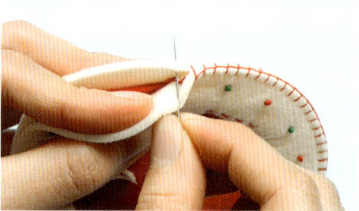

4 새로 매듭지은 실을 끼운 바늘을 뒤쪽 원단 안쪽에서 바깥으로 넣습니다.

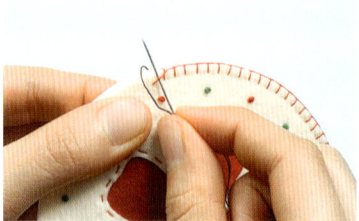

5 앞 원단의 사선방향 실에 바늘을 걸어줍니다.

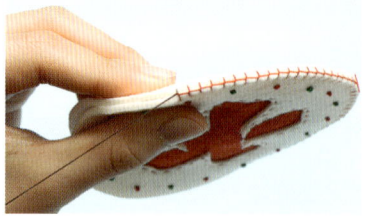

6 실을 당기면 이음새가 깔끔하게 연결됩니다. 앞에서 설명한 버튼홀 스티치를 계속 진행합니다.

끼워 박기 > 05

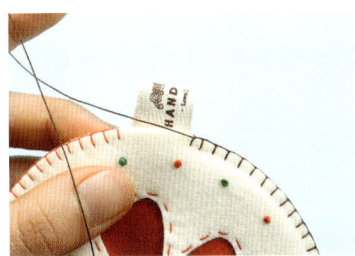

1 끼워 박기할 라벨을 반으로 접어 펠트 사이에 넣습니다.

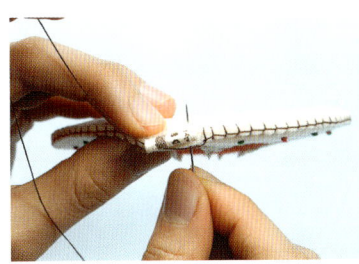

2 버튼홀 스티치와 같은 방법으로 옆으로 한 땀 가서 한꺼번에 바늘을 통과시킵니다.

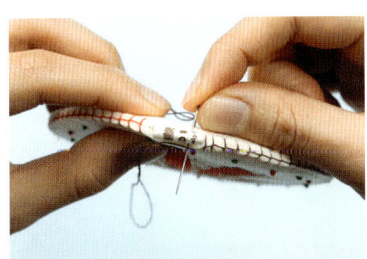

3 실을 완전히 당기지 않고 약간 남겨둔 상태에서 바늘을 뒤쪽에서 라벨만 통과시킵니다.

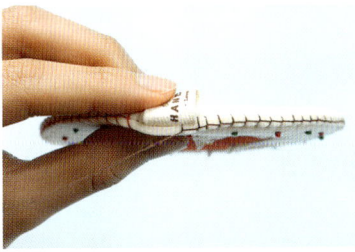

4 약간 남겨둔 실 사이로 바늘을 통과시켜 실을 당깁니다. 계속 반복합니다.

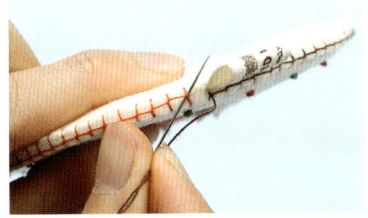

5 처음 시작 부분의 실에 사선으로 바늘을 통과시켜 걸어 마무리합니다.

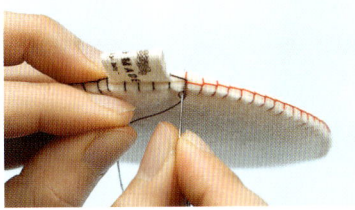

6 앞면과 뒷면 원단 사이로 매듭지어 줍니다.

06 공그르기

1 위쪽 원단의 안쪽에서 바깥쪽으로 바늘을 넣습니다.

2 아래쪽 원단에 바늘을 일자로 한 땀 뜹니다.

3 위쪽 원단에서 2번과 수직이 되는 지점에 바늘을 일자로 한 땀 뜹니다.

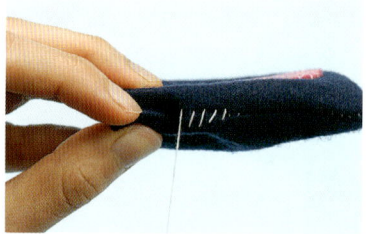

4 여러 번 반복합니다.

5 원단이 울지 않도록 유의하여 실이 보이지 않을 정도로만 당겨줍니다.

공그르기 완성!

작품 만들기

01 카네이션 볼펜 ⋯⋯ 13
02 카네이션 브로치 ⋯⋯ 19
03 카네이션 카드 ⋯⋯ 25
04 카네이션 마카롱 ⋯⋯ 31
05 카네이션 카드지갑 ⋯⋯ 41

01 카네이션 볼펜
난이도:★☆☆ | 예상 재료비:2,000원 | 완성 크기:약 7×9cm

준비물
재단 펠트지(꽃잎 3장, 꽃받침 1장),
볼펜 1개, 리본, 바늘, 실, 가위, 글루건

1 꽃잎 3장을 엇갈리게 겹쳐 놓습니다.

2 3장을 한꺼번에 중심에서 원형으로 홈질합니다.

* 실은 꼭 빨간색 실 2겹으로 하세요! (사진은 바느질을 보여주기 위해 흰색 사용)

3 실을 자르지 않은 상태에서 잡아당깁니다.

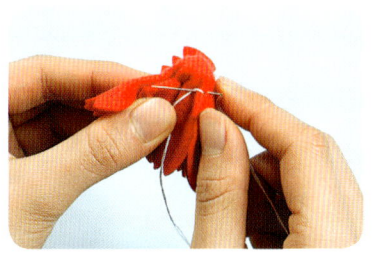

4 실을 매듭짓습니다.

5 바늘을 반대쪽으로 빼서 마무리합니다.

6 손으로 만져 꽃 모양을 만듭니다.

꽃 완성!

7 볼펜 뒤에 글루건을 쏩니다.

8 만든 카네이션꽃을 볼펜 뒤에 붙입니다.

9 꽃받침 한쪽 끝에 글루건을 쏩니다.

10 꽃받침을 볼펜에 한 바퀴 돌립니다.

11 꽃받침 끝에 글루건을 쏘아 마무리 합니다.

12 리본으로 고리를 만듭니다.

13 긴 쪽으로 고리의 교차점을 느슨하게 한 바퀴 감습니다.

14 감아준 리본 사이로 고리를 만들어 통과시킵니다.

15 가운데 매듭이 작아지도록 양쪽 고리를 잡아당깁니다.

16 리본 뒤에 글루건을 쏩니다.

17 카네이션 볼펜에 리본을 붙이고 리본 끝을 정리합니다.

카네이션 볼펜 완성!

02 카네이션 브로치
난이도:★☆☆ | 예상 재료비:2,500원 | 완성 크기:약 7×7cm

준비물
재단 펠트지(꽃잎 3장, 꽃받침 1장, 나뭇잎 1장), 브로치용 옷핀 1개, 리본, 레이스, 바늘, 실, 가위, 글루건

1 꽃잎 3장을 엇갈리게 겹쳐 놓습니다.

2 3장을 한꺼번에 중심에서 원형으로 홈질합니다.
＊ 실은 꼭 빨간색 실 2겹으로 하세요! (사진은 바느 땀을 보여주기 위해 흰색 사용)

3 실을 자르지 않은 상태에서 잡아당깁니다.

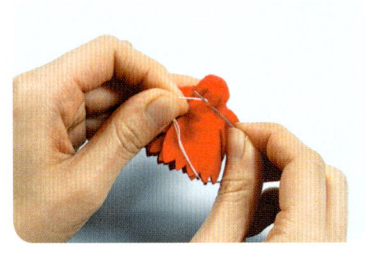

4 실을 매듭짓습니다.

5 바늘을 반대쪽으로 빼서 마무리합니다.

6 손으로 만져 꽃 모양을 만듭니다.

7 만든 카네이션꽃 뒤에 글루건을 쏩니다.

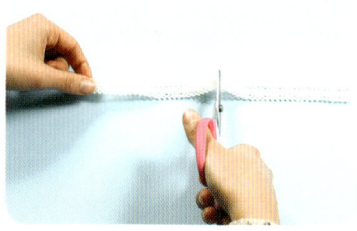

8 레이스를 반으로 자릅니다.

9 자른 레이스 하나를 다시 반으로 접습니다.

10 접은 레이스를 글루건을 이용하여 카네이션꽃 뒤에 붙입니다.

11 8에서 남은 레이스를 다시 반으로 자릅니다.

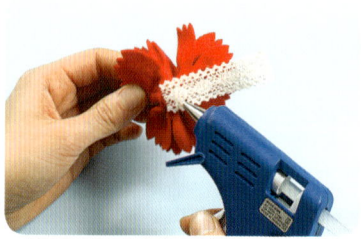

12 레이스를 붙인 곳 위에 글루건을 쏩니다.

13 1/4 레이스를 글루건을 쏜 자리에 붙입니다.

14 리본으로 작은 고리 모양을 만듭니다.

15 13에서 레이스가 겹쳐진 부분에 글루건을 쏩니다.

16 14의 리본을 15에 붙입니다.

17 리본 위에 글루건을 쏩니다.

18 나뭇잎을 붙입니다.

19 나뭇잎 위에 글루건을 쏩니다.

20 꽃받침을 붙입니다.

21 손으로 꽃받침을 살짝 오므립니다.

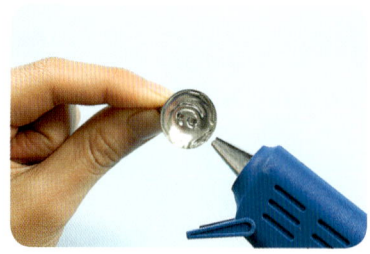

22 브로치에 글루건을 쏩니다.

23 **21**에 브로치를 붙입니다.
* 이때 브로치는 중심에서 조금 위에 붙여야 가슴에 달았을 때 아래로 쳐지지 않아요!

24 리본을 정리하여 마무리합니다.

카네이션 브로치 완성!

03 카네이션 카드
난이도:★☆☆ | 예상 재료비:2,000원 | 완성 크기:약 9×18cm

준비물
카네이션 재단 펠트지 3장,
꽃받침 1장, 잎사귀 1장, 크라프트 카드,
리본, 바늘, 실, 가위, 글루건

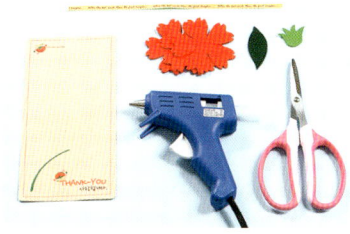

1 꽃잎 3장을 엇갈리게 겹쳐 놓습니다.

2 꽃잎 가운데 글루건을 쏩니다.

3 꽃잎 3장을 한꺼번에 반으로 접습니다.

4 접은 반쪽의 오른쪽 면에 글루건을 쏩니다.

5 다시 반으로 접어 꾹 누릅니다.

6 뒷면 전체에 글루건을 쏩니다.

7 크라프트 카드의 줄기 그림 위에 6을 붙입니다.

8 카네이션꽃 위를 손으로 꾹 눌러줍니다.

9 꽃받침 뒷면에 글루건을 쏩니다.

10 꽃받침을 꽃과 줄기 사이에 얹듯이 붙입니다.
＊ 꾹 누르면 절대 안 돼요!

11 잎사귀에 글루건을 쏩니다.

12 카드의 줄기 옆에 보기 좋게 붙입니다.

13 위 사진 순서에 따라 리본을 만듭니다.

14 리본 뒤에 글루건을 쏩니다.

15 꽃받침 아래쪽에 리본을 붙이고 마무리합니다.

카네이션 카드 완성!

04 카네이션 마카롱

난이도: ★★★ | 예상 재료비: 5,500원 | 완성 크기: 약 9×18cm

준비물

마카롱 프린트 펠트 1장,
마카롱 틀 2개, 꽃잎 재단 펠트,
15cm 지퍼, 기화성펜, 시침바늘, 바늘,
실(빨간 색, 흰 색), 가위, 글루건

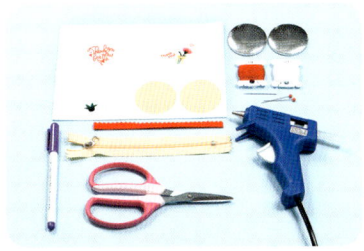

1 프린트 펠트를 아웃라인을 따라 자릅니다.

마카롱 겉면 2장, 속지 2장, 2.5×2cm 2장, 1×2cm 1장, 꽃받침 1개

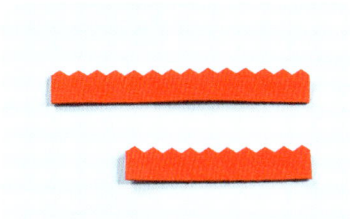

2 재단 꽃잎을 5cm와 7cm 길이로 자릅니다.

31

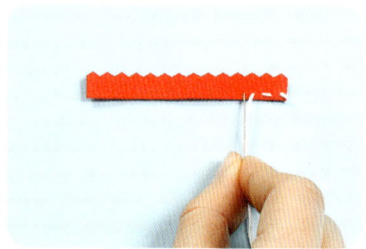

3 7cm 꽃잎 아랫선을 홈질합니다.
* 실은 꼭 2겹으로 하세요! 1겹으로 하면 당길 때 끊어질 수 있어요.

4 홈질한 실 끝을 잡아당깁니다.

5 오므린 후 실을 매듭지어 마무리합니다.

6 5cm 꽃잎도 같은 방법으로 만듭니다.

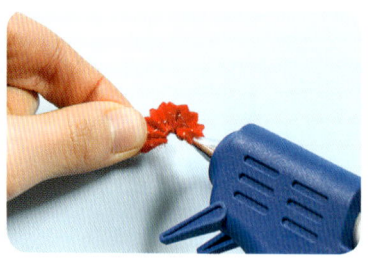

7 7cm 꽃잎의 뒷면에 글루건을 쏩니다.

8 마카롱 겉면의 앞 가운데에 7을 붙입니다.

9 5cm 꽃잎의 뒷면에 글루건을 묻혀 7cm 카네이션꽃 앞에 붙입니다.

10 꽃받침에 글루건을 쏘아 5cm 꽃잎 아래에 붙입니다.

11 마카롱 겉면의 앞을 반으로 접어 중심선을 표시합니다. 4군데 같은 방법으로 표시합니다.

* 중심선은 기화성 펜으로 표시하세요! 기화성 펜은 어느 정도 시간이 흐르면 자동적으로 펜자국이 사라집니다.

12 마카롱 겉면의 뒤도 같은 방법으로 중심선을 표시합니다.

13 실 2겹으로 겉면의 앞 둘레를 홈질합니다.

* 흰색 실로 해야 깔끔해요!

14 실을 살짝 당겨 오므리다가 마카롱 틀을 넣습니다.

15 실을 틀에 맞게 당깁니다.
* 이때 앞의 중심을 확인하면서 맞추세요!

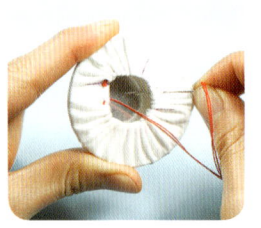

16 뒷면에서 실을 왔다 갔다 하여 단단하게 마무리합니다. ✱ 흰색 실로 해야 깔끔해요!

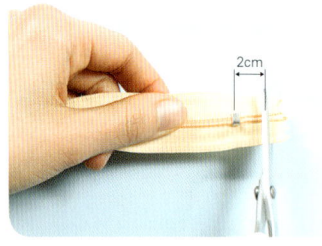

17 마카롱의 뒷면도 같은 방법으로 만듭니다.

18 지퍼 양끝 마감부분에서 남는 원단을 2cm에 맞춰 자릅니다.

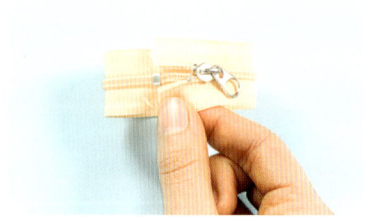

19 지퍼의 양끝 원단이 마감부분 선에 딱 맞도록 교차하여 둥글게 말아줍니다.

20 교차된 지퍼 마감부분 간격에 맞춰 겉면과 안쪽 면에 2.5×2cm 흰색 펠트를 놓습니다.

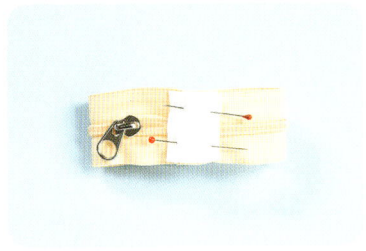
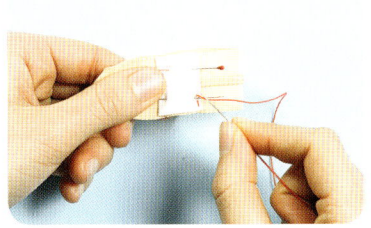

21 흰색 펠트가 움직이지 않게 시침바늘로 고정합니다.

22 펠트 둘레를 흰색 실 2겹으로 홈질합니다.

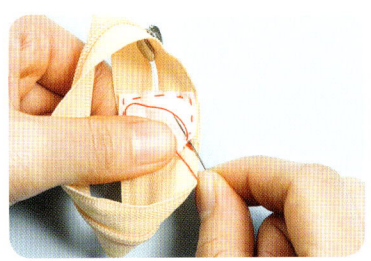
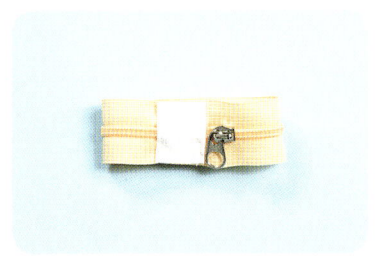

23 펠트와 지퍼 사이에서 실을 매듭지어 마무리합니다.

* 흰색 실로 해야 깔끔해요!

24 지퍼도 겉감처럼 반으로 접어 기화성 펜으로 중심선을 표시합니다.

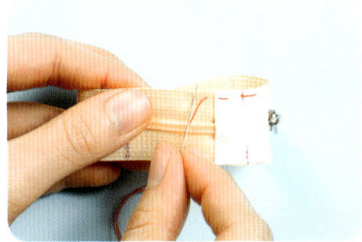 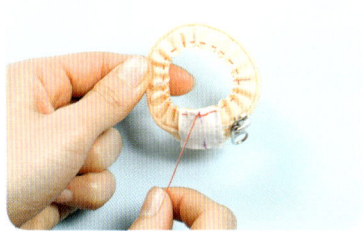

25 흰색 실 1겹으로 지퍼 둘레를 홈질 합니다. (사진은 보여주기 위해 빨간 색 실 사용)

26 동그랗게 모일 정도로만 살짝 오 므려줍니다.

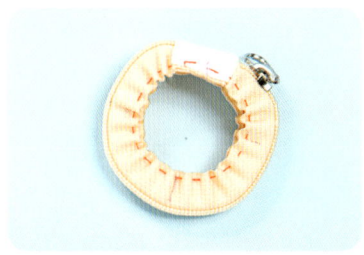 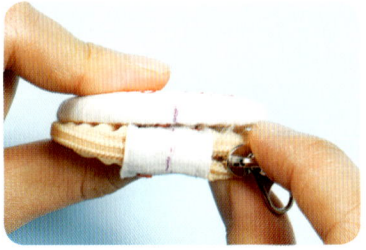

27 지퍼의 반대편도 같은 방법으로 홈질 하여 오므립니다.

28 지퍼와 마카롱 뒷면의 중심선을 맞 춥니다.

29 매듭을 안에서 밖으로 하여 공그르기 합니다.
* 흰색 실 2겹으로 해주세요!
▶ 공그르기 하는 방법은 10쪽을 참고하세요.

  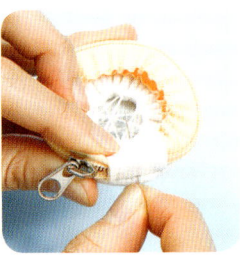

30 5~6땀 성글게 하여 당기는 방식으로 계속 반복합니다.

 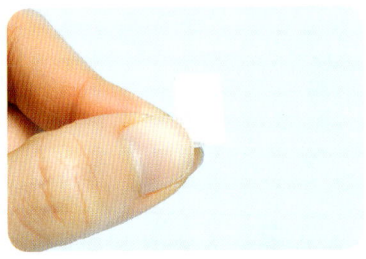

31 앞면도 뒷면과 같이 공그르기 하는데, 지퍼 마감부분은 하지 않고 멈춥니다.

32 흰색 고리 펠트(1×2cm)를 반으로 접습니다.

 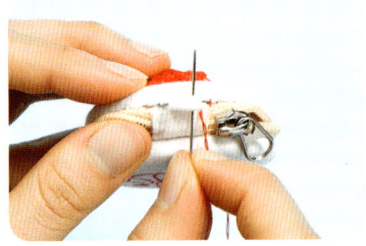

33 반으로 접은 고리를 지퍼 마감부분과 윗면 사이에 중심을 맞춰 끼워 넣습니다.

34 멈췄던 공그르기를 고리를 관통하면서 계속 합니다.

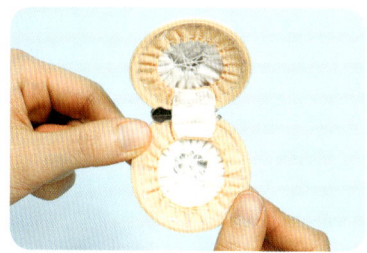

마카롱 앞뒤가 연결된 모양!

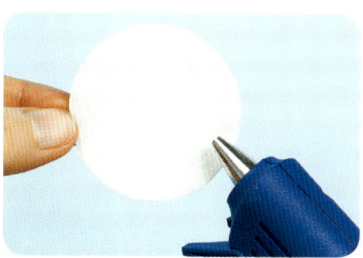

35 노란색 속지 펠트 뒷면에 글루건을 쏩니다.

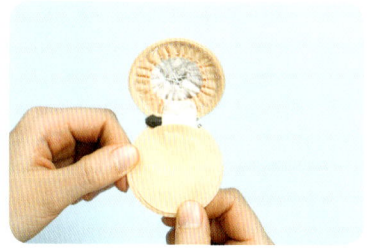

36 속지를 마카롱 안쪽 면에 붙입니다.

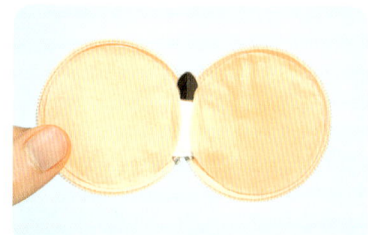

카네이션 마카롱 완성!

05 카네이션 카드지갑

난이도 : ★★☆ | 예상 재료비 : 3,000원 | 완성 크기 : 약 6.2×10.5cm

준비물

카드 프린트 펠트 1장,
초록색 지갑 뒷면 펠트 2장,
꽃잎 1장, 초록색 고리 펠트 1장,
바늘, 실, 가위, 글루건

1 카드 프린트 펠트를 아웃라인을 따라 자릅니다.

카드 앞면 1장, 꽃받침 1장

2 꽃잎 가운데에 글루건을 쏩니다.

3 꽃잎을 반으로 접습니다.

4 접은 꽃잎의 오른쪽 면에 글루건을 쏩니다.

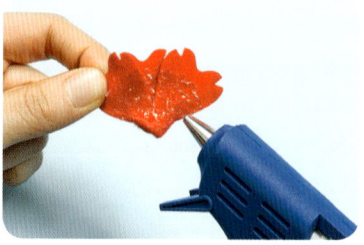

5 꽃잎을 다시 반으로 접습니다.

6 꽃잎 뒷면 전체에 글루건을 쏩니다.

7 접은 꽃잎을 지갑 앞면 가운데에 붙입니다.

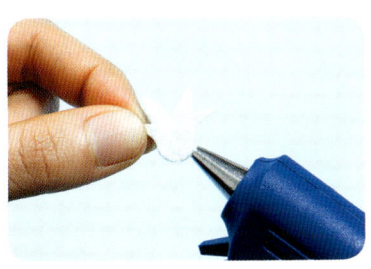

8 꽃받침 뒷면에 글루건을 쏩니다.

9 꽃 아래에 꽃받침을 살짝 얹듯이 붙입니다.

10 초록색 고리 펠트를 반으로 접습니다.

11 2장의 초록색 펠트(지갑 뒷면) 사이에 접은 고리를 넣습니다.

12 지갑 앞면과 초록색 펠트 2장을 나란히 겹쳐 놓습니다.

*실색은 취향에 따라 선택하세요!

13 3장 둘레를 한꺼번에 실 1겹으로 홈질합니다.

14 고리 부분도 한꺼번에 홈질합니다.

15 실매듭은 원단과 원단 사이에서 합니다.

카네이션 카드지갑 완성!

카네이션 펠트 DIY 작품들
그 외 작품 소개

감사의 꽃이 피었습니다
손거울

난이도:하
완성 크기:7×7.5cm
예상 재료비:7,500원

고맙습니다
카네이션 카드지갑

난이도:중
완성 크기:9×10cm
예상 재료비:7,500원

로맨틱 러브
카네이션 리스

난이도:중
완성 크기:20×19cm
예상 재료비:11,000원

향기 가득
카네이션 디퓨저

난이도:하
완성 크기:4.5×7.5cm
　　　　 (병 사이즈)
꽃길이 약 22cm
예상 재료비:10,500원

5월의 정원
카네이션 시계

난이도:중
완성 크기:17×22cm
예상 재료비:11,500원

마음을 전하는
카네이션 휴지 케이스

난이도:중
완성 크기:14×20cm
예상 재료비:12,000원

사랑담은
카네이션 와인케이스

난이도:중
완성 크기:10×37cm
예상 재료비:16,500원

로즈 블로썸 브로치

난이도:하
완성 크기:4.8×5.1cm
예상 재료비:3,000원

카네이션 바구니

카네이션 미니 화분

난이도:중
완성 크기:30×30×28cm
예상 재료비:50,000원

난이도:하
완성 크기:6.5×6.5×20cm
예상 재료비:23,500원

Felthouse

지금, 이 책에 쓰인 모든 재료를 구매할 수 있는
국내 최대 펠트 온라인 쇼핑몰!

http://www.felthouse.co.kr

생활소품/인테리어소품/유아교구장난감/출산용품/CA단체수업
무료동영상강좌 / 전문강사과정 / 교구취미반/출산용품반/원데이클래스

본사 : 서울특별시 종로구 종로6가 27-1 경양빌딩 2층 Tel. 1544-2374 Fax. 02-6670-2264
매장 : 서울특별시 종로구 종로6가 298-3 동대문 종합시장 A동 5008호 Tel. 02-2267-7747

학교, 단체 도매 가능 / 패턴펠트지 개별 주문 제작 가능